RÉFLEXIONS

D'UN ÉLECTEUR

QUI NE DEMANDE AUCUNE PLACE,

SUR

LA RÉVOLUTION DU 29 JUILLET,

ET

LE NOUVEAU GOUVERNEMENT FRANÇAIS.

La Charte sera désormais une vérité.

Paris.

IMPRIMERIE DE SÉTIER,

RUE DE GRENELLE SAINT-HONORÉ, N° 29.

1830.

RÉFLEXIONS

D'UN ÉLECTEUR

SUR

LA RÉVOLUTION DU 29 JUILLET.

1. *Leçon mémorable.*

Une grande révolution s'est opérée en trois jours, sans conspiration, sans chefs, sans échafauds, sans violation des propriétés.

L'ordre légal a vaincu l'arbitraire.

La violation de la Charte compromettait toutes les existences ; toutes les existences se sont réunies sympathiquement pour la défendre.

Les parjures comptaient sur le serment de l'armée !... Beaucoup de soldats et d'officiers ont compris que leur devoir était de protéger les citoyens au lieu de les massacrer, d'obéir au roi constitutionnel, non au roi absolu. Qu'était-ce d'ailleurs qu'une armée de 100,000 hommes en présence d'une population de 32 millions !

Les rois sauront où mène le parjure. Les ministres, où mène la trahison. Les peuples, où mène une volonté ferme *appuyée du bon droit.* Les pairs, les grands, les fonctionnaires de toute espèce, où les réduit la violation de la Charte.

L'armée saura qu'elle tient toute sa force du peuple, et pour le peuple.

Le monde entier connaîtra l'union, la force et la sagesse des Français.

II. *Besoin d'un gouvernement.*

L'instinct admirable qui précipitait le peuple au combat pour la défense de ses droits, ne cessa point de luire après la victoire. De toutes parts on sentit le besoin d'un chef, le besoin d'un gouvernement qui assurât la paisible jouissance des libertés conquises.

Le ciel voulut qu'un prince se rencontrât, vertueux citoyen, qui, répondant aux vœux et aux besoins de son pays, accepta le dangereux honneur de refermer l'abîme des révolutions, rouvert par l'aveugle Charles X.

Louis-Philippe, roi par le choix du peuple, a librement accepté la Charte votée librement par les représentants de la nation; et les acclamations de la France entière ont ratifié le contrat.

Nous sommes enfin délivrés du funeste principe du *droit divin*, et la souveraineté du peuple, reconnue franchement, est la base fondamentale du nouveau gouvernement.

C'est pour nous que la Charte existe, c'est pour nous qu'un de nous a reçu le pouvoir suprême; n'oublions jamais que le trône et la Charte nous protègent contre l'anarchie; veillons tous, veillons sans cesse à leur garde : la sécurité de nos propriétés, de nos personnes, de nos libertés, dépend de la conservation de ce précieux dépôt.

III. *Condition de l'existence d'un gouvernement en France.*

Le bonheur du peuple est l'unique but de l'institution du gouvernement. Le meilleur de tous est celui qui procure au peuple la plus forte somme de bonheur.

L'expérience nous a prouvé que le gouvernement représentatif monarchique était le plus propre à nous assurer la jouissance paisible de tous nos droits. Il conserve à la France l'unité, la force, la grandeur et la liberté.

C'est une république libre, sous un chef qui la gouverne selon les lois qu'elle a faites d'accord avec lui.

Ce gouvernement ne peut marcher que dans le sens de la volonté générale; son secret est de la bien connaître et de la bien suivre.

Se conforme-t-il à cette volonté? Soutenu par l'intérêt de tous, il est fort de toute la force de la nation. Les lois s'exécutent partout facilement, parce que chacun sent qu'il obéit à sa propre volonté.

Si, au contraire, le gouvernement, ignorant ou méconnaissant le but de son institution, veut marcher en sens inverse de la volonté générale, tout lui devient difficulté; il est obligé de recourir à la corruption, puis à la force....., et, comme la véritable force est dans le peuple, le peuple finit, tôt ou tard, par secouer le joug.

IV. *Ce qu'il fallait à la France.*

Le peuple français est brave, généreux, éclairé, digne en tout de jouir de l'indépendance et de la liberté. Que lui manquait-il pour arriver au plus haut degré de prospérité? Une bonne Charte et un bon roi. La victoire du 29 juillet lui procure ce double trésor.

V. *Un bon roi.*

La France est un corps dont le roi est la tête.

Entre la tête et le corps, doit exister une affinité continuelle, sous peine de mort.

Il nous fallait un roi qui nous connût, qui nous comprît, qui nous estimât et nous aimât, non comme son troupeau, mais comme ses frères; un roi qui fût aimé de nous, estimé comme le meilleur d'entre nous; qui, prince ou roi, ne cessât point d'être homme et citoyen, qui sût élever ses enfants de manière qu'ils puissent aimer et comprendre les nôtres, et en être aimés et compris; un roi sans peur et sans reproche, qui eût en nous la confiance que nous avons en lui; qui s'entourât des amis du peuple; un roi franc comme nous; comme nous esclave de sa parole; un roi qui employât les deniers publics aux besoins de l'état et non à enrichir les prélats et les courtisans.

Nous avons mieux encore : Louis-Philippe nous doit la plus belle couronne du monde, et nous lui devons la paix et la liberté. Heureux échange de reconnaissance !

VI. *Une bonne Charte.*

La France, peu exigeante, se contentait de la Charte octroyée, malgré ses imperfections, et ne demandait que son exécution sincère. Tous les vrais amis du trône et d'une sage liberté s'étaient ralliés successivement autour d'elle.

Mais une odieuse interprétation l'ayant renversée, le peuple a dû exiger des garanties nouvelles ; ces garanties, réglées par ses représentans, et acceptées par le nouveau Monarque, font disparaître les imperfections que le parti anti-national exploitait à son profit depuis 16 ans.

Le gouvernement représentatif ne sera plus une déception ; la force et les deniers publics ne seront plus des moyens d'oppression ; le patriotisme ne sera plus un crime ; le mépris public, un moyen d'avancement ; la liberté de la presse ne sera plus traitée comme un poison ; les honneurs et les fonctions ne seront plus le prix d'une ignoble servilité, mais seront accordés au seul mérite, sans acception de rang ou de fortune.

En un mot, la Charte sera désormais une vérité.

VII. *Des garanties.*

L'exécution sincère de la Charte nous est garantie.

1°. Par la connaissance parfaite que nous avons tous des conséquences qu'entraînerait sa violation,

2°. Par le serment du roi, des pairs, des députés et de tous les dépositaires de l'autorité;

3°. Par le rétablissement des gardes nationales, comme l'une des bases de la constitution;

4°. Par la tribune, le droit de pétition, la presse et le jury;

5°. Enfin, par l'intérêt du roi, des chambres, de tous les fonctionnaires, et de tous les Français.

La Charte est un contrat.

Dans tout contrat la condition résolutoire est sous-entendue pour le cas d'inexécution de la part de l'une des parties. L'application de ce principe vient d'avoir lieu avec une justice et une précision parfaites.

L'inexécution n'est pas à craindre de la part du peuple, parce que le roi tient en main tous les moyens nécessaires pour contraindre chacun à exécuter la volonté de tous.

Elle n'est à craindre que de la part du roi, si jamais un roi montait sur le trône, tellement ignorant, tellement aveugle, qu'il se laissât conduire au précipice, malgré les cris qui s'élèveraient de toutes parts pour l'arrêter.

Le sort des sept ministres éclairera les ministres futurs, et s'il se rencontre encore un Charles X, espérons qu'il ne se trouvera plus de Polignac!

VIII. *Le roi mérite notre confiance.*

Louis-Philippe, l'un des premiers défenseurs de

nos libertés, forcé de quitter sa patrie aux jours de l'anarchie, sut travailler pour vivre.

Plus heureux que Henri IV, son aïeul, de glorieuse mémoire, il ne porta jamais les armes contre son pays.

Rentré en France, il a vécu en bon citoyen, soignant sa fortune et l'éducation de ses enfans, comme le meilleur père de famille, faisant travailler les ouvriers et les artistes, gémissant comme nous tous des fautes du pouvoir; accueillant, encourageant ces généreux citoyens qui soutenaient la cause du peuple avec tant de constance devant des majorités brutales.

De hautes convenances ne lui permirent point de prendre part aux travaux des trois glorieuses journées; mais quand le trône fut vacant, la voix du peuple se fit entendre. Il se hâta de venir partager nos dangers, et sa présence les fit cesser.

Dans toutes ses paroles, dans toutes ses actions, éclatent la franchise, la loyauté, le dévouement au bien public. Nous l'avons vu plus libéral que ses ministres et que la chambre, et nous avons vu le Nestor de la liberté s'écrier, en lui serrant la main : « Voilà la république qu'il me fallait ! »

IX. *Les Chambres actuelles.*

Les Chambres méritent notre confiance; elles ont régularisé notre belle révolution! L'adresse de la chambre des Pairs annonce qu'elle a retrouvé le patriotisme qui rejeta plusieurs lois funestes votées par la Chambre-Villèle.

La chambre des députés à compris son mandat et a eu le courage de l'accomplir. Honneur aux Laffitte, aux Périer, aux Gérard, aux Mauguin, aux Lobau ! Honneur surtout au généreux Lafayette qui a sacrifié au bonheur de son pays ce qu'il avait de plus cher au monde : ses opinions républicaines !

Ce n'est pas seulement un bill d'indemnité que nous devons aux députés qui délibéraient sous la mitraille, qui portèrent nos vœux au duc d'Orléans ; la France leur doit des autels ; ils ont sauvé la patrie !

Que leurs noms, toujours vénérés, apprennent aux Français de tous les âges, qu'un bon député se doit tout entier au bien-être de son pays.

Les chambres ont assis le nouveau trône sur des bases solides, mais plusieurs lois manquent encore pour compléter l'œuvre : la pairie, les élections, la garde nationale, la magistrature et le jury, exigent un prompt et mûr examen. Chaque citoyen doit émettre les idées nouvelles qu'il peut avoir sur ces points importans. Ceux qui se tiennent éloignés des affaires, aperçoivent quelquefois les fautes mieux que ceux qui les ont commises.

X. *Mécanisme du gouvernement représentatif, tel qu'il sera désormais.*

La chambre des députés, composée des représentants réels de toute la France, opinion publique légale et vivante, exprimera les vœux et les besoins du pays.

La chambre des Pairs, composée des illustrations les plus vénérées, plus calme et plus élevée, veillera toujours à la conservation du trône, que les flots de la démocratie sembleront toujours prêts à envahir.

Et le roi, placé au sommet de l'édifice constitutionnel, toujours chancelant sur un trône inébranlable, entendra, sans s'émouvoir, les chocs des partis, comptera les forces, et, d'une main ferme, dirigera toujours le gouvernail vers le point indiqué par sa boussole infaillible : *La volonté générale.*

La presse et les pétitions éclaireront constamment le jeu de cette machine admirable.

Ainsi, les besoins populaires viennent à flots précipités battre les pieds de la tribune élective; de là, modifiés, arrivent à la seconde digue, et parviennent plus calmes jusqu'au trône.

Le trône s'approprie et proclame la volonté générale, qui redescend aussitôt, de cascade en cascade, jusqu'à la moindre chaumière, jusqu'au plus obscur citoyen.

XI. *Du peuple.*

Le peuple français est la réunion des individus de tous les départemens, de tous les âges, de tous les sexes et de toutes les classes qui vivent sous la loi française.

15 ou 20,000 Parisiens, de telle ou telle classe, n'ont pas plus le droit de faire la loi à la France entière, que ne l'auraient 15 ou 20,000 campagnards.

Chacun de nous est un trente-deux millionième du peuple souverain.

Chacun peut donner son avis , mais nul n'a le droit de l'imposer comme loi.

Si nous voulions tous dominer, nous serions tous esclaves. Laissons-nous gouverner par les plus habiles et les plus sages. N'est-ce pas assez que de commander à ceux qui commandent? C'est ce que fait le peuple aux élections, puisque le gouvernement suit la direction que ses choix lui indiquent.

Dans un vaste empire , il est impossible que le peuple intervienne autrement dans les affaires publiques.

Le bonheur du peuple doit être le but constant, l'unique but, des efforts du législateur et des gouvernans.

Le peuple exécute volontiers les mesures qu'il voit prendre dans son intérêt; voilà pourquoi les gouvernemens populaires sont mieux obéis que les gouvernemens absolus.

Pour rendre le peuple heureux, il faut lui procurer le plus d'instruction possible, lui assurer toute la liberté, toute l'égalité que ses mœurs comportent, et ne le gréver que le moins qu'on peut.

L'instruction nous rend meilleurs, nous apprend que la bonne conduite, le travail et l'économie procurent le bonheur social, que le mal qu'on fait ne produit que du mal, et que le bien produit toujours du bien à celui qui le fait; que l'égalité et la liberté absolues sont des chimères, et que, pour jouir paisiblement de nos droits, il faut laisser nos semblables jouir paisiblement des leurs.

Plus un peuple est éclairé, mieux il connaît ses droits et ses devoirs, et plus il est facile à gouverner.

Mais le peuple est comme les rois : il a beaucoup de flatteurs et peu d'amis.

On peut traduire ainsi les discours de ses flatteurs : « Bon peuple, n'écoute que moi ; j'obtiendrai, en ton » nom, places, argent ou crédit, sinon tu te révolteras » et je pillerai. »

L'ami sincère du peuple est celui qui l'éclaire sur ses droits et ses devoirs, et lui montre l'exemple du respect pour les lois.

Le gouvernement n'est pas institué pour donner au peuple de l'ouvrage, de l'argent ou du pain..... Le peuple serait écrasé d'impôts pour nourrir le peuple.....

Le gouvernement est établi pour protéger les citoyens, leurs femmes, leurs enfans et leurs propriétés ; pour assurer les approvisionnemens et la circulation, et pour faire exécuter les engagemens contractés.

Pendant les troubles, chacun est obligé de se garder chez soi, nul ne songe à acheter ou à faire travailler ; le commerce est arrêté, l'ouvrage ne va plus, chacun garde le peu d'argent qu'il a, le numéraire ne circule plus, et la classe qui vit de travail et de commerce, est plus froissée que toutes les autres.

Qui gagne à cela ? Ces prétendus amis du peuple, qui n'ont rien à perdre, et qui voudraient piller pour s'enrichir.

XII. *Tous pouvoirs émanent du peuple.*

Le peuple est souverain. Mais comme 52 millions d'individus, épars sur un territoire immense, ne peuvent se tenir constamment assemblés pour faire et modifier les lois suivant les besoins sans cesse renaissans, et pour les faire exécuter partout, la constitution délègue le pouvoir législatif et le pouvoir exécutif.

Le pouvoir législatif est confié au roi, et aux chambres.

Le pouvoir exécutif au roi seul; mais pour n'être exercé que par l'entremise des ministres, et sous leur responsabilité.

Le pouvoir judiciaire est également délégué au roi, comme branche principale du pouvoir exécutif, pour être exercé en son nom par les juges qu'il nomme à vie.

XIII. *Pouvoirs du Roi.*

Appelé à gouverner le grand peuple et à le représenter dans tous ses rapports avec les puissances étrangères, le Roi doit être investi d'immenses pouvoirs, entouré de respect et de vénération.

Plus il sera grand et puissant, mieux nous serons gouvernés et représentés, et plus nous devrons être satisfaits; car sa grandeur et sa puissance, il les tient de nous, et ne s'en servira que dans notre intérêt.

Chargé de l'exécution des lois, qu'il prenne la plus grande part à leur confection , afin qu'en leur obéissant il obéisse toujours à sa propre volonté.

La couronne est héréditaire , ainsi le veut notre intérêt; l'hérédité nous préserve des troubles et des dangers d'un interrègne et d'une réélection. Quant aux dangers de l'hérédité, ils sont moindres, et la Charte les diminue encore par les garanties qu'elle nous donne.

Nous avons fait nous-mêmes la part de la royauté, nous l'avons calculée sur notre intérêt; respectons-la, défendons-la toujours comme la sauve-garde nécessaire de nos droits.

XIV. *Chambre des Pairs.*

A côté du trône, et pour le soutenir, s'élève la pairie.

La chambre des pairs, composée de membres choisis par le Roi, parmi les grandes illustrations de la France, est un pouvoir intermédiaire chargé de veiller à la conservation de la Charte, à laquelle son existence est attachée; de maintenir l'équilibre entre la chambre populaire et le Roi : enfin de juger les ministres et les crimes de haute trahison.

Pour atteindre le but de son institution , il est indispensable, 1°. qu'elle soit composée réellement d'illustrations et d'illustrations vénérées; 2°. qu'elle soit indépendante, et que rien ne puisse faire douter de son indépendance; 3°. que les pairs nouvellement élus ne puissent voter avant un espace de temps suffisant pour donner au pays l'assurance qu'ils n'ont pas été créés pour le besoin du moment ; 4°. qu'aucun des pairs créés sous un ministère ne puisse être juge des membres de ce ministère.

Pour que la chambre des pairs soit composée des illustrations les plus vénérées, il est indispensable, 5°. que le hasard de la naissance n'en puisse ouvrir la porte, et 6°. que le monarque ait soin de la rajeunir en l'enrichissant des illustrations de tout genre, qui surgissent si fréquemment en France.

A mérite égal, un nom historique doit être préféré ; mais seulement à mérite égal : parce que le mérite personnel a bien plus d'autorité qu'un parchemin.

Pour que la chambre haute soit entourée de toute la considération dont elle a besoin, il faut qu'elle soit et paraisse bien indépendante, et, pour être et paraître bien indépendante, il est indispensable, 7°. que les fonctions de pairs soient gratuites comme celles de députés ; 8°. qu'elles soient, en outre, incompatibles avec toutes fonctions ou pensions révocables.

La pairie, de même que la couronne, est établie pour nous et dans notre intérêt, nullement dans l'intérêt des citoyens qui ont l'honneur d'en être revêtus.

Elle doit donc être établie sur les bases qui conviennent aux intérêts de la nation, et point aux intérêts des Pairs, quels qu'ils soient.

L'inamovibilité suffit pour assurer l'indépendance

des juges, elle suffirait pour assurer l'indépendance des pairs.

L'hérédité de la pairie n'offre donc aucun avantage réel au pays; elle blesse inutilement, 1°. le principe d'égale admissibilité aux honneurs; 2°. la justice, qui ne permet pas que des citoyens obscurs occupent la place de citoyens illustres; 3°. l'intérêt public, qui exige des capacités réelles, et ne se contente pas de capacités putatives; 4°. enfin la royauté, qui perd trop souvent l'usage de l'une de ses plus hautes prérogatives, et qui reçoit du hazard les défenseurs que son choix devait seul lui fournir.

La chambre des pairs, bien constituée, sera un *sénat* véritablement *conservateur;* mal constituée, ce serait un privilége insupportable qui nécessiterait bientôt une réforme nouvelle dans la constitution. Architectes, veillez surtout aux fondemens de l'édifice !

XV. *Chambre des Députés.* — Elections.

La chambre des députés représente le plus spécialement les intérêts populaires; elle doit être l'image fidèle de la nation.

Pour cela, 1 faut, 1°. appeler aux élect ons le plus grand nombre de citoyens parmi les plus éclairés et les plus intéressés au maintien du bon ordre; parce qu'il serait injuste et dangereux que les fainéans, les prolétaires et les vagabonds, fissent la loi aux hommes sages, laborieux, économes. Qui fait mal ses affaires, ferait mal les affaires publiques.

2

Dans les sociétés commerciales, on n'appelle à délibérer que ceux qui réunissent un certain nombre d'actions. Il doit en être de même dans l'état social, dont le but est aussi la conservation et l'amélioration de la chose commune. Les plus intéressés, en stipulant pour eux-mêmes, stipulent pour tous.

Pour que la chambre soit l'image fidèle de la nation, il faut encore, 2°. qu'elle soit composée du plus grand nombre possible de membres; 3°. que chacun des membres soit élu directement par un arrondissement électoral déterminé par la loi, de manière que les voix de tous les électeurs soient à peu près égales; que chacun n'ait à donner qu'une voix et que sa voix ne porte que sur un seul député; 4°. que le nombre des députés soit réparti entre les départemens, en raison seulement de la population; 5°. que le gouvernement n'exerce aucune influence sur les élections; 6°. enfin, que le président et le bureau, nommés par les électeurs, vérifient les pouvoirs, et statuent provisoirement sur toutes difficultés électorales, sauf à la chambre à statuer définitivement.

XVI. *Devoirs des Electeurs.*

Chaque droit suppose un devoir et chaque devoir un droit.

Le citoyen qui réunit les conditions requises pour être électeur doit user de son droit.

Il est de son devoir de se faire inscrire, d'aller voter, et de voter en son âme et conscience pour celui qu'il croit devoir le mieux stipuler les intérêts de la France, fût-il son ennemi.

Il ne doit écouter ni la haine, ni la jalousie, ni l'amitié; qu'il ait toujours en vue le bien de la patrie, qu'il songe que sa voix ne lui appartient pas, qu'elle appartient à la France, et qu'il représente ceux de ses compatriotes qui n'ont pas l'honneur d'être électeurs.

Dans un arrondissement électoral de 100,000 âmes, s'il n'y a que 1,000 électeurs, chacun représente 100 de ses concitoyens, et il ne doit pas sacrifier leurs intérêts à ses affections.

Ne votez jamais pour le candidat que les ministres pourraient avoir le tort de vous proposer : celui qui est appelé à contrôler les actes des ministres, celui qui devrait les accuser s'ils devenaient coupables, celui-là doit être choisi par d'autres que par les ministres.

Ne promettez jamais votre voix : celui à qui vous la promettez peut changer; vous pourriez vouloir changer vous-même, et vous seriez placé entre une promesse et un devoir.

Cachez votre bulletin, afin de mettre à l'aise ceux qui pourraient craindre pour les conséquences du leur.

Prenez le plus de part possible aux élections.

Faites vos efforts pour réunir le plus grand nombre de suffrages sur votre candidat, et si vous acceptez la candidature, votez pour vous-même; ce n'est pas affaire de politesse, et il est ridicule de demander aux autres leurs voix et de ne pas se donner la sienne.

XVII. *De l'Opposition.*

Il existera toujours une opposition ; c'est une des nécessités du gouvernement représentatif. La lumière naît du choc des opinions.

Les plus habiles arrivent au pouvoir ; ils commettent des fautes : eh ! qui n'en commet pas ? L'opposition signale ces fautes, et attaque sans cesse le pouvoir, jusqu'à ce que, devenue la plus forte, elle y arrive elle-même ; alors les rôles changent, et ceux qui avaient le pouvoir font de l'opposition jusqu'à nouvel ordre.

La royauté ne perd rien à ces changemens, et la chose publique y gagne ; elle y gagne l'avantage d'être dirigée avec plus de soin, parce que ceux qui sont parvenus aux affaires, en promettant de faire mieux que les ministres qu'ils renversent, s'efforcent de faire mieux en effet pour se maintenir plus long-temps.

Le monarque, juge du combat, décerne le prix au vainqueur. S'il doute, il a soin de consulter le pays et de veiller à ce que les élections soient sincères.

Il faut éviter aussi qu'aucun parti n'invoque en sa faveur l'autorité royale, soit dans les chambres, soit dans les élections.

Il faut éviter enfin, avec le plus grand soin, d'attaquer le monarque lui-même ou sa dynastie : ce ne serait plus de l'opposition, ce serait de la rébellion.

Le Roi n'épouse aucun parti ; il est toujours du côté de la volonté générale. Sa personne est toujours inviolable et sacrée. Tout le bien qui se fait vient de lui, tout le mal vient des ministres. Quand une mesure injuste ou mauvaise est prise, il ne faut s'en prendre qu'aux ministres, qui répondent sur leurs têtes de tous les actes qu'ils contre-signent.

Le gouvernement représentatif est un gouvernement de majorité ; mais les minorités doivent toujours être écoutées et respectées.

XVIII. *Des Ministres.*

Le ministère doit être composé des hommes les plus capables, les plus estimés et les plus respectés dans les chambres et au-dehors.

Dès qu'un ministère a perdu la majorité, son devoir est de se retirer, à moins qu'il ne soit évident que la majorité de la chambre élective n'est pas en harmonie avec la majorité de la nation ; dans ce dernier cas, les élections décident.

Le monarque a besoin de toute la confiance du peuple ; il compromet cette confiance s'il remet ou laisse le pouvoir en mains suspectes.

Il ne suffit pas que le Roi connaisse personnellement un homme d'état pour l'appeler ou le conserver au ministère, il faut en outre que cet homme jouisse de la confiance et de l'estime des chambres et du pays.

Dès qu'un ministre a perdu la confiance publique,

il doit se retirer, quelle que soit l'opinion que le Roi conserve de lui.

Le ministre qui cache au Roi le mécontentement du peuple, commence à trahir.

Celui qui empêche les plaintes des peuples de parvenir jusqu'au Roi, trahit.

Le Roi doit, autant que possible, voir de ses propres yeux, et donner accès à la vérité. Si Charles X eût consulté le moindre ouvrier, il eût appris ce que savaient tous ses sujets : que faire un coup d'état, c'était signer au moins sa démission.

XIX. *Du Pouvoir judiciaire.*

La justice est le premier besoin des peuples ; l'injustice révolte non moins que l'oppression.

L'importance de l'ordre judiciaire est telle, en France, que, s'il est mal composé, les meilleures lois sont dénuées de force ; parce que la chose jugée est au-dessus de tout et que les juges sont inamovibles.

On abroge une mauvaise loi, mais nulle puissance ne peut rétracter un mauvais jugement.

Le souverain fait la loi ;

Le Roi la promulgue et en requiert l'application ;

Les tribunaux l'appliquent.

Et qu'y a-t-il au-dessus des tribunaux? Rien. Il ne peut même y avoir rien, autrement les procès seraient éternels.

Mon frère invoque le droit d'aînesse, j'oppose la loi ; s'il plaît au tribunal de la violer, à la cour de confirmer et à la cour de cassation de rejeter mon pourvoi, mon frère jouira du droit d'aînesse envers et contre tous.

Si la cour de cassation et la majorité des cours royales étaient animées d'un esprit contraire au gouvernement, une révolution nouvelle serait inévitable.....

Le magistrat doit être impartial, indépendant et vénéré.

Choisissez-le donc parmi les plus instruits et les plus intègres, non parmi les plus exaltés ou les plus intrigans.

Et placez-le hors de la sphère politique, dans une région inaccessible à l'esprit de parti.

Dans certaines professions, le savoir-faire est au-dessus du savoir; dans la magistrature, il est infiniment au-dessous, et le savoir est au-dessous de l'intégrité.

Pour mériter l'honneur de juger ses semblables, il faut valoir mieux qu'eux.

Le siége appartient au plus digne....; s'il l'occupait toujours et partout, l'autorité serait toujours et partout respectée.

XX. *De l'Administration.*

L'administration est établie dans l'intérêt du peuple pour faire exécuter les lois dans l'esprit de la volonté générale.

Elle devrait aussi n'être confiée qu'aux plus dignes. Le dévouement ne peut tenir lieu de capacité.

Sur chaque point du territoire, l'administration représente le gouvernement, et chaque citoyen juge du gouvernement d'après l'administration qu'il a sous les yeux.

Et comme les citoyens jugent le gouvernement aux élections, il lui importe, autant qu'au pays, que le choix des fonctionnaires soit bien fait. On bénit ou l'on maudit le ministère suivant la conduite du sous-préfet qu'il a choisi.

Malheur au ministre qui écarte le mérite pour faire place à ses amis.

Cent faveurs ne lui font pas cent créatures solides, et lui font dix mille ennemis.

XXI. *Des Places et Honneurs.*

Sous un gouvernement impopulaire, qui ne se maintient que par la force ou l'artifice, la distribution des honneurs et des places est un moyen d'influence.

On les accorde au dévouement, non au mérite, et il arrive bientôt que l'autorité se trouve dans les mains les moins capables et les moins dignes; qu'une promotion devient un déshonneur; qu'une destitution est considérée comme très-honorable, et que l'autorité avilie finit par avilir le gouvernement.

Nous l'avons vu.

Le gouvernement populaire, le gouvernement de vérité, doit éviter cet écueil.

Qu'il n'accorde rien à la faveur, rien à l'intrigue, rien à l'esprit de parti; qu'il accorde tout au mérite.

Représenté sur tous les points par le mérite, il aura pour créatures et pour amis tous les Français.

Le mauvais magistrat fait plus de mal à celui qui l'a choisi qu'à ceux qu'il vexe.

Tous les dépositaires de l'autorité, petits ou grands, doivent être et rester honnêtes citoyens.

Changez ceux qui ne le sont pas; l'opinion vous approuvera; mais ne déplacez pas l'honnête homme sans motif bien connu. L'injustice révolte, alors même qu'elle frappe celui qu'on n'aime pas.

Le Roi doit nommer à tous les emplois; mais il pourrait, sans aliéner sa prérogative, n'accorder les honneurs et les emplois qu'aux citoyens généralement reconnus comme les plus dignes. L'administration reprendrait bientôt la considération dont elle a besoin pour faire le bien.

XXII. *Traitement des Fonctionnaires.*

Avant 89, on achetait l'honneur de juger ou d'administrer, et la France ne manquait pas de bons magistrats.

Nous payons aujourd'hui les magistrats, sont-ils meilleurs?

Les fonctions de maire, de membres du conseil général, de député, et beaucoup d'autres fonctions honorables, sont gratuites et remplies honorablement.

L'honneur, en France, est plus que l'argent.

Aux colonies, les fonctions judiciaires sont gratuites; on voulut imposer aux magistrats créoles un traitement, ils donnèrent tous leur démission, ne voulant pas survivre à la haute considération dont ils jouissaient dans le pays.

Les fonctions publiques gagnent en considération ce qu'elles perdent en écus.

Gratuites, elles ne sont plus sollicitées que par gens honorables et dévoués sincèrement à la chose publique.

Il faudrait n'accorder les traitemens qu'aux emplois moins considérés, et surtout à ceux qui entraînent responsabilité pécuniaire.

Supprimer ou réduire les traitemens, c'est le seul remède à cette manie des places qui achève de déconsidérer ceux qui les obtiennent.

Il y aurait un second avantage, celui de diminuer considérablement l'impôt qui pèse principalement sur les citoyens qui n'ont point de places.

XXIII. *De l'impôt.*

Pas de liberté, pas de sécurité sans gouvernement; pas de gouvernement sans impôt.

L'impôt est une charge très-onéreuse : plus on l'allégera, mieux elle sera supportée.

Pour la rendre aussi légère que possible, il faut 1°. que l'impôt soit réduit au strict nécessaire; 2°. qu'il soit assis de la manière la moins gênante pour les contribuables ; et 3°. qu'il soit équitablement réparti.

Sur ces trois points, l'ancien gouvernement a laissé tout à faire.

On peut diminuer l'impôt de plus de 100 millions sans nuire au service public.

On peut, en conséquence, abolir ou diminuer considérablement les contributions indirectes, l'impôt sur les sels, etc.

Et le cadastre peut établir l'égalité entre les contribuables.

XXIV. *Stagnation dans les affaires et gêne commerciale.*

La confiance est l'âme des affaires. Quand la confiance publique reçoit quelque échec, toutes les affaires s'en ressentent. Rien ne se perd plus vite, et rien ne se rétablit plus lentement que la confiance.

Ces réflexions expliquent la gêne des affaires.

Depuis un an, la France était sur un volcan ; l'éruption a éclaté, mais le cratère fume encore, et l'ébranlement s'est communiqué au loin.

Tout a été suspendu en France pendant une semaine ; un trône renversé ; des milliers d'existences changées, non sans quelques mécontentemens ; une administration nouvelle improvisée ; le nouveau gouvernement n'est pas encore reconnu par les puissances étrangères.... Que d'alimens à la malveillance ! Il en est un surtout qu'elle exploite avec succès.

Quelques mauvais choix se sont glissés, et devaient nécessairement se glisser dans ce grand nombre de choix qu'il a fallu faire en peu de jours; le gouvernement, éclairé par l'opinion, rectifiera ce qui exigera rectification.

La roue des affaires commence à tourner. L'argent commence à se montrer. La confiance va renaître, et plus forte et plus solide que jamais.

XXV. *Conclusions.*

Une bonne Charte et un bon Roi nous promettent de bonnes lois et une bonne administration.

La confiance va renaître et nous amener une prospérité progressive qui nous étonnera tous.

Soyons unis et patiens : l'arbre est planté sur un excellent terrain; donnons-lui le temps de produire ses fruits.

Les hommes de bonne foi, quelles que soient leurs opinions, fraternisent aujourd'hui sous le drapeau national.

Les Royalistes constitutionnels, c'est-à-dire l'immense majorité des Français, ont ce qu'ils souhaitaient.

Les Républicains ont aussi ce qu'ils voulaient, plus la stabilité. S'ils se plaignaient encore, on douterait de leur patriotisme.

Les anciens Bonapartistes chantent le Grand Homme, et font valoir les services rendus sous lui.

Quant aux absolutistes, distinguons :

Ceux qui l'étaient par intérêt, par intérêt sont constitutionnels aujourd'hui. Chacun de nous en connaît bon nombre.

Ceux qui l'étaient par conviction, l'essai du 25 juillet a dû les guérir, s'ils étaient susceptibles de guérison.

S'ils étaient incurables, plaignons leur cerveau.

Quant aux amis particuliers du roi déchu, respectons leurs larmes, elles sont bien rares !

Quelques absolutistes, ennemis jurés de la France, conservent l'espoir d'une guerre civile en faveur de l'enfant si ridiculement traité en roi par ceux qui l'entraînent dans leur ruine.

Dans cet espoir, les uns jurent, avec restriction mentale, afin que leurs places et leurs traitemens ne tombent pas en mains libérales; d'autres publient des protestations qu'ils feraient valoir auprès de Henri V; d'autres viennent braver les dangers... quand les dangers ont cessé, et jurent obéissance au souverain de fait, par obéissance au roi légitime.

La France les voit en pitié.

Sans armes, sans préparatifs, sans chefs, elle a rejeté de son sein la dynastie qui tenait en main toutes ses forces et tous ses trésors... Que ferait leur nouvel Edouard contre la France bien armée, bien préparée, bien commandée ?

Et quelle puissance d'ailleurs serait assez ennemie d'elle-même pour épouser, sans espoir de succès, la querelle de cette malheureuse famille qui, trois fois en quarante ans, a ébranlé, par ses fautes, l'Europe entière !

Le peuple Français est juste : il ne portera jamais atteinte à l'indépendance de ses voisins ; mais il est brave, et ne souffrira jamais qu'on porte atteinte à la sienne.

FIN.

TABLE

DES SOMMAIRES.

I. Leçon mémorable. — II. Besoin d'un gouvernement. — III. Conditions de l'existence d'un gouvernement en France. — IV. Que fallait-il à la France? — V. Un bon roi. — VI. Une bonne Charte. — VII. Des garanties solides. — VIII. Le roi mérite notre confiance. — IX. Les chambres actuelles. — X. Mécanisme du gouvernement représentatif, tel qu'il sera désormais. — XI. Du peuple. — XII. Tous pouvoirs émanent du peuple. — XIII. Pouvoirs du roi. — XIV. Chambres des pairs. — XV. Chambre des députés. *Élections.* — XVI. Devoirs des Électeurs. — XVII. De l'opposition. — XVIII. Des Ministres. — XIX. Du pouvoir judiciaire. — XX. De l'Administration. — XXI. Des Places et Honneurs. — XXII. Traitement des Fonctionnaires. — XXIII. De l'impôt. — XXIV. Stagnation dans les affaires et gêne commerciale. — XXV. Conclusions.